생명, 그 소중하고 비루한 이름

피로사회의 종식을 위하여

생명, 그 소중하고 비루한 이름
피로사회의 종식을 위하여

2015년 8월 27일 1판 1쇄 인쇄
2015년 9월 1일 1판 1쇄 발행

지은이	황수영
펴낸이	한기호
편집인	김종락
출판기획	대안연구공동체
편집·디자인	프로므나드
펴낸곳	길밖의길
출판등록	2015년 7월 6일 제 2015-000211호
주소	121-839 서울시 마포구 동교로 12안길 14(서교동) 삼성빌딩 A동 2층
전화	02-336-5675
팩스	02-337-5347
이메일	kpm@kpm21.co.kr
홈페이지	www.kpm21.co.kr
ISBN	979-11-955852-7-4 02300

길밖의길은 한국출판마케팅연구소의 임프린트입니다.
책값은 뒤표지에 있습니다.

머리말

　다원성이 화두인 세상이다. 모두가 자신의 취향과 행동의 동기, 자신만의 느끼는 방식과 세상을 판단하는 주관을 가지고 있으므로 타인에 의해 간섭받고 싶어 하지 않는다. 간섭하고 싶지도 않다. 나 살기도 바쁘고 힘든 세상이다. 지하철에서 젊은이와 옥신각신하는 노인의 언성도 머지않아 사그라들 것이다. 이 반도의 지구인은 "어느 정치인이 공천 대가로 얼마를 받았고, 어느 교수가 제자를 성추행했고, 심지어 폭행을 했고…"라며 날마다 등장하는 이른바 '늬우스'에도 심드렁하다. 한 문제의 해결을 보지도 못한 채 다음 문제로 넘어가는 데 이골이 나 있는 것이다. 외계인이 본다면 경마 시합에 빠져 있는 사람들과의 차이를 알지 못하리라. 말 한 마리, 아니 여러 마리가 넘어지고 죽어 나가도 경기는 계속된다.

　하지만 다원주의가 어떠하든, 주관주의가 어떠하든, 더 이상 '사돈 남 보듯' 할 수 없는 상황이 왔다. 인간(개인)은 만물의 척도라고 힘주어 말하며 아테네의 개인주의를 주도했던 프로타고라스. 그가 중동호흡기증후군MERS, 메르스에 감염되어 호흡기 질환을 앓게 된다면 고통을 호소하며 치료를 요구할까, 아니면 자신의 철학에 충실하기 위해 "나만의 느낌이니 상관들 하지 마시오, 보편적인 질병 같은 것은 없수다"라고 할까? 후자라면 우리는 그의 사적 감정을 존중하기 위해 내버려 두어야 하는가? 아니면 "닥치고 있으세요. 당신은 죽을 수도 있습니다"라는, 그가 보기에는 다소 폭력적인 언설과 함께 병을 고치기 위해 그의 신체에 개입해야 하는가?

아닌 게 아니라 치료란, 의사라는 타인이 환자에게 개입하여 건강이 요구하는 규범에 환자를 맞추는 것이 아닌가? 보통의 사람들이 요구하는 가장 쾌적한 상태로 되돌리는 것이 아닌가? 할 수 있다면 죽음도 방지할 수 있게끔 모든 노력을 하는 것이 아닌가? 더 나아가 한 사람이 아니라 모든 사람이 확률적으로 감염자가 될 수 있는 상황이라면 더 차원 높은 해결책이 필요한 것 아닌가? 그게 당연한 것 아닌가?

그런데 이 당연한 것이 의문시되고 있다. 우리는 이 당연하다는 말을 의미론적으로 지지해 주는 토대의 붕괴를 목격하고 있다. 그렇다. 우리는 여기까지 왔다. 매일 두문불출하고 어쩌다 나가게 되면 마스크를 뒤집어쓰고 누가 기침이라도 하면 흘겨보며 피한다. 그렇게 보낸 2개월. 누군가가 말하길 "메르스는 진정되고 있으니 안심하시오"란다. '나는 아무 일 없어 다행이다'라고 되뇌며 다음 경마 시합으로 넘어간다.

이 반복되는 불행한 순환에서 대체 무엇이 문제인가? 생명과 타인에 대한 우리의 태도인가? 아니면 시스템 혹은 정치의 문제인가? 심지어 역사의 문제인가? 아니면 이 모든 것을 포함한 우리 삶의 토대 자체가 문제되는 상황인가?

2015년 8월

황 수 영

차 례

머리말	3
1. 우리는 생명에 대해서 무엇을 아는가?	9
2. 국가, 행정 시스템, 정상화의 문제	23
3. 관료행정과 생명	39
4. 메르스가 병인가, 우리가 병인가?	51
5. 「피로사회」의 불행한 순환을 종식시키기 위하여	62

1. 우리는 생명에 대해서 무엇을 아는가?

 지난해의 세월호 침몰 사건과 마찬가지로 메르스 사태는 전시도 아닌 평시에 우리 사회가 생명을 날 것 그대로, 발가벗긴 채로 마주한 사건이라 할 수 있다. 생명이 자신의 민낯을 보여 주며 두려워하는 아이처럼 떨고 있는 것을 우리는 목격했다. 참 안쓰럽다고? 오히려 어처구니가 없다. 보호받아야 할 대상 1호가 그대로 발가벗겨져 위험에 노출되어 있는 것이다. 살아 있다는 것, 그것은 단지 개인적, 주관적 느낌이 아니다. 그것은 수많은 물리화학적 필연과 우연 그리고 역사적, 환경적 우발성과 생명적 개체들의 집단적이거나 개별적 노력이 우주적 시간 속에서 만들어 낸 장구한 드라마의 결실이다. 그 구조를 보더라도 원자와 분자 수준의 미시적 등급에서 시작하여 거시계와 연결된 중간 규모의 크기에 이르기까지, 엄청난 내적 공명과 소통이 가능한 체계를 이루고 있다. 생명의 구조는 그 오랜 역사를 반영하기 때문에 로봇을 만들 때처럼 청사진과 재료를 가지고 단번에 만들어 낼 수가 없다. 또한 생명은 각 개체가 유일하면서 독특하기 때문에 모방이 불가능한 존재이다. 예술로 치면 각자가 진품, 명품에 해당하는 것이다.

하지만 이런 생명의 특성에 대해 철학자들은 신기하게도 별로 주목한 적이 없는 것 같다. 철학자들은 우리의 눈은 언제나 밖을 향하기 때문에 육신의 눈으로는 영혼의 진리를 볼 수 없다는 것을 지적하곤 했다. 소크라테스와 같은 시대에 소포클레스는 눈을 뜨고도 진리를 보지 못한 오이디푸스로 하여금 육신의 눈을 찌르게 만든다. 정신적인 차원을 향한 문화적 도약이라고 해석할 만하다. 그리스 철학의 융성은 이런 배경에서 유래한다. 정신적 차원의 진리의 추구는 이로부터 20세기 가량을 지나 이른바 근대의 도래에도 크게 바뀌지 않았다. 중세를 거쳐 기독교와 결합한 철학은 더욱더 순수한 영혼의 세계, 저 세계에 대한 사유에 매몰된다. 근대철학을 이끈 데카르트와 칸트, 심지어 영국의 경험론자들에게서조차도 비록 정도 차는 있으나 진리는 관념의 세계로부터 재구성된다. 오이디푸스가 자신의 눈을 찌른 이래 육신의 눈을 회복하는 것은 그처럼 어려운 일이었던가 보다. 그렇게 해서 생명은 더욱더 그들의 관심에서 멀어져 간다. 아니 멀어지기만 해도 괜찮았을지 모른다. 멀리 있는 대상은 신비감이라도 줄 수가 있다. 하지만 생명은 무관심의 대상으로 남아 있었다기보다는 차라리 저급한 종류의 실재로 취급되었다. 우리 몸에서 일어나는 일들, 영양을 섭취하고 소화하고 배설하고 피곤하면 잠을 자고 아프면 쉬거나 약을 먹고 하는 이 모든 일들에서 정신을 흥분시킬 만한 것들이 있는가? 게다가 배가 고프면 먹을 것을 구하기 위해 구차한 일이라도 해야 한다. 몸이 아파도 마찬가지다. 철학자들은 아마 불치의 병에 걸리게 되면 죽는 것은 상관없는데, 그동안 써 오던 글을 완성할 수 없어서 안타깝다고 말할 것이다. 그리고 많은 사람들은 그러한 태도를 숭고하다며 찬양할 것이다.

이런 사유로 생명에 대한 일반인들의 무관심 혹은 경시에 대해 철학자들은 결코 무고하다고 말할 수 없다. 하지만 이제 반대로 생명이 철학에 무엇을 기여했는지를 생각해 보자. 철학자들이 그처럼 소중히 여기는 반성적 사유, 내면적 사유에 대해 생명은 할 말이 있다. 약 35억 년 전 지구상에서 생명이 탄생한 이래로 그것은 단세포 원핵생물procaryote로 20억 년이 넘게 존재해 왔다. 원핵생물이란 핵이 없는 세포를 말하는데, 박테리아처럼 DNA조각들이 세포 여기저기에 흩어져 있다. 따라서 그것을 싸는 막은 없다. 생명의 역사는 비록 회고적 판단이기는 하지만 우발성 자체가 기적을 만들어 내는 그러한 과정이다.

생명 탄생 후 최초의 기적은 진핵생물의 등장이다. 지금부터 약 14억 년 전이다. 진핵생물은 DNA의 다발인 염색체들을 막으로 싸서 왕국 속의 왕국을, 말하자면 세포 속의 또 다른 세계를 만들어 냈다. 하지만 그것은 여전히 단세포로 살아가면서 지금부터 5억 7천 년 전 다세포 생물들이 나타날 때까지 오랜 기간을, 의인적擬人的으로 말하면, 인내해 왔다. 이제 캄브리아기에 이르러 현생동물의 몸설계 body design와 큰 틀에서 유사한 다세포 생물의 대폭발이 나타나는데, 이것이 바로 생명이 자신의 역사에서 보여 준 두 번째 기적이다. 굴드S. J. Gould는 이를 그의 저서 『생명, 그 경이로움에 대하여』에서 멋지게 보여 주고 있다. 폭발이라는 말이 의미 있는 것은 선캄브리아기에 이러한 조짐이 거의 없었기 때문이다. 다만 현재 발견되는 유일한 선캄브리아기 화석 종류는 에디아카라 동물군인데 내가 주목하고자 하는 것이 바로 이것이다. 에디아카라 동물군은 현생동물의 몸설계와 전혀 공통점이 없기 때문에 캄브리아기 폭발과 아무 관련이 없으며 캄브리아기 후에 멸종되었다. 그것은 산호처럼 수많은 개체들이 군체를 이루고 있는데 '체절들이 누비이불처럼 결합된 형태'라고 한다. 따라서 생물학자들은 캄브리아기 이전에 에디아카라 동물군 외에 현생동물 그룹의 조상뻘인 다른 동물군의 화석을 추적하고 있다. 생명은 에디아카라 동물군과, 그것이 무엇이건 간에, 이

1. 우리는 생명에 대해서 무엇을 아는가?

현생동물군의 사이에서 후자를 선택한 것이다. 더 정확히 말하자면 후자 쪽으로 진화한 것이다. 그 결과는 이러하다. 에디아카라 동물군은 누비이불 같은 형태를 가지고 있기 때문에 체내기관을 발달시키지 않았다. 반대로 현생동물 그룹은 체내기관을 발달시켜 오늘날 자의식을 가진 생명체로의 진화를 가능하게 했다.

반성적 사유는 내면을 가진 존재, 자의식적 존재에서 유래한다. 반성이란 무엇인가? 일상적으로는 행위를 이미 한 후에 자신을 되돌아보며 그 의미를 곱씹는 것을 반성이라고 한다. 철학자들이 말하는 반성적 사유는 행위이건, 감각이건, 그것이 무엇이건 간에 자신의 내면에 남아 있는 모든 것을 재료로 순수한 논리적 힘만을 사용하여 그것들 간의 인과관계나 의미 등을 추론하는 것이다. 우리는 어떻게 이러한 내면을 보는 눈을 가지게 되었을까? 정말로 오이디푸스가 육신의 눈을 찔렀기 때문인가? 아니다. 가련한 오이디푸스는 거추장스러운 방해물을 제거한 것뿐이다. 생명은 체내기관을 가진 존재자로 진화했을 때부터 이미 반성적 존재자가 되었다. 적어도 그러한 조건을 갖추게 된다. 어의적으로 반성의 할머니뻘 되는 단어는 반향, 반사 등이다. 이는 단지 의식적으로 자신을 돌아보는 것을 말하는 것이 아니다. 가장 쉬운 예로 빛의 반사는 다른 매체에 부딪힐 때 일어난다. 자신의 운행 경로를 방해하는 무언가가 있을 때 일어난다는 뜻이다. 커다란 확성기로 소리를 울리게 하는 것도 마찬가지다. 확성기의 두꺼운 벽이 온갖 방향으로 소리의 진동을 전달한다. 이와 같이 외적 자극이 내적으로 반향되고 반사될 때 그것은 더 이상 외적 자극이 아니다. 생명은 이 새로운 자극이 계속 내부라는 벽에 부딪혀 변화하고 분화되고 분화된 것들이 서로 공명하면서 자기의 내부에서 돌아다니는 것을 의식하지 않을 수 없다. 이제 그것은 사유의 재료가 된다. 그래서 반성적 사유는 자기반향 즉 내적 공명을 통한 자기인식이다. 이런 의미에서 20세기의 프랑스 과학철학자 질베르 시몽동 G.Simondon은 생명이란 내적 공명 그리고 자기와의 연관이 정보로 체계화된 것이라고 본다. 이로부터 내재성이라는 것이 생겨난다. 생명이 가진 독특한 내재성은 변화를 일으키는 능동적 활동의 원천이 된다. 그래서 생명은 단지 밖의 자극에 대해 기계적으로 대응하지 않고 문제해결을 위해 모색을 한다. 여러 가지 선택지들 앞에서 수없는 시도를 하고 그로 인해 위험에 처하기도 하지만 다행히 성공하기도 한다. 그렇게 해서 내재성은 단련된다. 물리적 대상은 정보를 가지고 있다 해도 내부적으로 체계화하기보다는 언제나 중심을 벗어나며 자신의 밖으로 향한다. 스스로 문제를 해결하기보다는 주어진 상황에서 외력들의 작동에 종속된다. 내면성이 없기 때문이다.

생명에서 내면성의 탄생은 행복한 우연이었을까? 그것은 다행한 결과만을 가져왔을까? 동물에서 정보의 체계는 신경계로 집중된다. 신경계는 동물의 인식과 행동에 엄청난 효율성을 제공하지만 거기에 따른 대가도 요구한다. 그것은 바로 고통이다. 우리는 식물이 고통을 느낄 것이라는 데 의문을 품는다. 왜냐하면 식물은 신경계를 갖고 있지 않기 때문이다. 생명은 단세포 원핵생물 상태에 영구히 머물 수도 있었다. 하지만 진핵생물에서 이미 소중한 부분을 감싸는 막의 존재와 더불어 모든 것은 달라졌다. 캄브리아기의 모험에서 생명은 누비이불을 내던지고 스스로가 스스로를 감싸는 존재가 되었다. 결국 진화의 우발성은 생명의 운명을 자신이 자신을 감싸서 스스로를 감당하는 존재로, 내재성을 가진 존재로, 반성적 사유를 하는 존재로, 비유적으로 말해 영혼을 가진 존재로 인도한 것이다. 이 영혼은 처음부터 사유하는 존재였을까? 아니다. 사유하기 위해 우리는 오이디푸스, 소크라테스를 기다려야 했다. 그렇다면 그것은 처음에 무엇이었을까? 영혼은 무엇보다도 고통을 느끼는 존재, 슬퍼하는 존재, 우는 존재가 아니었을까? 아이가 처음 태어날 때 그 비명을 지르는 듯한 울음은 다른 것을 의미하지 않는다. 모든 것이 그를 자극한다. 모든 것이 고통이다. 이를 환희로 바꾸는 것은 삶이 준비한 또 다른 마력이다.

그래서 영혼은 몸과 함께 태어나 몸과 함께 울고 웃는다. 몸과 더불어 자신을 감당하고 몸과 더불어 기쁨을 창조한다. 고통과 환희라는 정념affection은 외부에서 들어오기도 하지만 스스로 만들어 낼 수도 있다. 어떤 경우이든 몸이라는 지주를 통한다. 베르그손은 우리 몸이 자연계에서의 수학적인 점과 같은 것이 아니라는 것을 힘주어 강조한다. 우리 몸이 가진 물질성으로 인해 우리는 외부 대상의 작용을 흡수해서 자기화하거나 아니면 그대로 앉아 당할 수밖에 없다. 무대책으로 대상의 작용을 최대로 받아들이면 그것은 죽음에 이르는 일이 될 수 있다. 파국에 이르지 않기 위해 우리는 우리 몸을 때로는 감싸고, 때로는 노출시키며 적절히 조절하여 자극에 대응한다. 고통은 이러한 조율을 가능하게 해 주는 바로미터이다. 어린아이는 가시에 찔리거나 넘어지는 등 무수한 고통의 경험을 통해 자기방어 능력을 갖추게 된다. 하지만 인간처럼 신경계가 발달한 고등동물의 특이성은 고통에 대해 더 취약하다는 점이다. 내면을 가진 생명체는 자극이 내부에서 공명되고 확대되어 자기만의 느낌을 가진다. 이른바 자기 세계를 갖는다. 고통도 마찬가지다. 고통의 세계라는 것이 있다면 그것은 인간에게서 특이하게 더 확장되어 있을 것이다. 미세한 자극이라도 뇌척수신경계를 통해 중추에 도달한 고통은 한껏 증폭되어 온몸으로 느껴진다. 캉기엠G.Canguilhem은 통증은 언제나 전체로서 작용한다고 말했다. 치아에 통증이 있는데 "나하고는 아무 상관없다"라고 말할 수 없다. 그것을 빼버리지 않는다면 말이다. 몸의 일부분이라도 아프면 그것은 내가 아픈 것이다. 고통은 언제나 전체의 수준까지 증폭된다.

게다가 인간은 정신적 존재이다. 말기 암을 선고받은 사람이 있다면 그는 현재 증상이 없다고 해도 '하늘이 무너지는 것 같은' 충격을 받을 것이다. 심지어 내가 아니라고 해도 나와 가까운, 나의 소중한 사람이 그러한 위험에 처했다면 나의 하늘도 마찬가지로 무너지는 듯하지 않겠는가. 생명의 느낌은 전파되고, 전염된다. 그래서 베르그손은 직관과 공감을 말했고 시몽동은 정신의 세계라는 것은 집단을 전제하지 않고는 성립할 수 없다고 주장했다. 반성적 사유를 하는 인간에게 고통은 이중, 삼중, 다중으로 증폭될 수 있다. 시간적으로 보아도 우리는 현재만이 아니라 과거의 사건으로 인해 고통스러워하고 미래에 다가올 두려운 사건으로 인해 불안해한다. 인간이 과거의 고통을 완전히 잊을 수 있다면 고문후유증이 왜 존재하겠는가? 미래를 선취하여 느

1. 우리는 생명에 대해서 무엇을 아는가?

낄 수 없다면 나의 일이 될 수 있을지 없을지 모르는 실직을 왜 두려워하겠는가? 공간적으로 보아도 고통은 내가 위치한 곳에 한정되지 않는다. 병마로 앓아누운 멀리 계신 부모님 때문에 괴로워하고, 학교에서 왕따당하는 내 아이 때문에 가슴이 내려앉는다. 사찰을 당해 모든 것을 잃은 사람을 보고 두려움에 떤다. 설사 우리가 부처나 예수처럼 남의 고통을 나의 고통으로 느낄 수는 없다고 해도 그것이 내 일이 될 수도 있기 때문에 우리는 두려워한다. 그래서 고통은 증폭되고 전염된다. 인간은 그 정신적, 집단적 특징으로 인해 한계가 없이 고통받을 수 있는 존재이다.

세월호 사태, 그리고 이의 클리셰처럼 보이는 메르스 사태는 생명이 가진 모든 미덕에 반하여 일어난 사건이다. 생명을 발가벗기고 능멸하고 쓰레기통에 던져 놓고 마지막 준비는커녕 최소한의 인간적 예의도 불가능하게 만든 희대의 생명 모욕 사건이다. 외적 자극에 무대책으로 있다가 그 엄혹한 작용을 최대로 받아들여 자기파멸의 길로 인도한 사건이다. 그뿐인가? 세월호 사건의 경우에는 온갖 종류의

황당한 담론과 객설들이 고통을 증폭시켰다. 마치 인간이 어디까지 고통받을 수 있는지를 시험해 보기라도 하려는 듯, 슈퍼파워의 행태만이 아니라 일반인들을 포함해서 저마다 던진 한마디가 가시가 되고 고통중추를 자극하여 마녀사냥이라도 하는 것처럼 가학의 향연을 벌였다. 반대로 메르스 사태는 고통을 증폭시켰다기보다는 감추는 데 급급하여 사태를 악화시켰다. "손바닥으로 하늘을 가린다"는 것은 바이러스같이 생존력과 전파력이 뛰어난 것들에게는 특히 안 통하는 말임을 이번에 당국은 깨달았을 것이다.

이 모든 것은 결국 '우리가 도대체 무엇과 대면하고 있는지 알고 있는가'를 다시 한번 묻게 만든다. "생명의 매 순간은 문제의 해결이다"라고 20세기 생물학자들은 지적하곤 했다. 이것은 인간사가 문제들의 연속이자 그 해결이라는 일반의 믿음을 생명의 영역에 옮겨 놓은 것이지만 문자 그대로 사실이기도 하다. 움직이는 모든 것들, 살아있는 모든 것들은 생존을 위협하는 것들로부터 자신을 방어해야 한다. 그런데 생명이든, 인간이든, 문제를 해결하기 위해서는 문제가 무엇인지를 알아야 한다. 아니 느껴야 한다. 이것이 절반의 성공을 보장하는 것이다. 왜냐하면 성공이란 문제 해결 의지의 절박함과 비례할 것이기 때문이다. 그리고 메르스 사태와 세월호 사건은 우리가 이 첫 단계에서부터 매우 굼떴음을 인식하게 하고, 우리가 도대체 느끼고 사는 존재인지를 다시 한번 회의하게 만든다.

2. 국가, 행정 시스템, 정상화의 문제

 메르스 사태가 사회문제로 인지된 것은 그것을 해결하는 과정에서 개인적 차원이 아니라 집단의 일, 그것도 국가의 일로 부상했기 때문이다. 우리는 많은 문제를 개인의 책임으로 돌리기를 좋아한다. 사실 근대적 개인주의, 자유주의는 자신의 행동에 책임을 질 능력과 의지가 있는 주체를 가정하고 있다. 칸트는 자율적 이성을 가진 책임의 주체에 대해 거의 경외에 가까운 심정으로 가치 부여를 했다. 그의 윤리학 전체가 바로 이 책임의 주체에 관한 이론이다. 하지만 개인이 책임을 질 수 있는 것은 자신의 능력이 미치는 한도 내에서이다. 중동 바이러스에 속수무책으로 노출되어 확진 판정을 받은 개인이 "내가 왜 하필 그 병원에 갔던가?"라고 한탄하며 자기의 책임을 물을 수는 없는 노릇이다. 개인이 이러한 비합리적인 자괴감으로 고통받지 않게 하는 것은 공동체, 나아가 국가의 몫이다. 이런 면에서 분명히 국가란 국민이 세금을 내고 유사시에 보호받을 수 있는 보험과 같은 장치의 역할을 한다. 보험은 상호계약을 전제한다. 사회계약설이 완벽한 이론은 아니지만, 사회는 이러한 신뢰 위에 구축되어 있다. 물론 국가가 할 수 있는 것은 무한하지 않다. 태풍이나 기상이변과 같은 자연재해의 경우, 그것의 존재 자체를 통제하는 것은 원칙적으로 국가의 능력을 벗어난다. 국가는 재난에 대한 대비와 그것이 발생했을 때 최대한 효율적으로 수습하는 기능을 가질 뿐이다. 세월호나 메르스도 다르지 않다. 배의 침몰과 외부 바이러스의 침투라는 현상 자체는 자연적으로 일어날 개연성이 있는 사건들이다. 하지만 많은 사람들을 어이없게 하고 분노하게 했던 것은 그에 대한 대비와 수습에서 보여 준 국가의 무력함과 무관심이다.

우리는 국가에게 무엇을 기대하는가? 학자들은 국가의 기원과 목적, 기능에 대해 다양한 이론을 내놓고 있지만 어떤 사회문제를 이해할 때 중요한 것은 대중이 국가를 무엇이라 생각하며 국가에 무엇을 기대하는가 하는 것이다. 물론 이에 대해서도 획일적으로 답할 수는 없다. 어떤 이는 자신의 이익을 관철시키기 위한 최소한의 제도라고 생각할지도 모르고 또 다른 이는 위기 상황에서 보호받을 수 있는, 아니면 보호받아야 하는 장치라고 생각할지도 모른다. 하지만 국가에 대한 우리의 기대는, 모두가 그렇다고는 할 수 없겠지만 적어도 원리적으로는 근대 체제에 기초해 있고, 근대적 국가 체제는 시민사회에 모델을 둔 사회계약설에 기초해 있다. 사회계약설의 주장자들은 국가가 시민들의 자발적 의지에 바탕을 둔 동의에 의해 세워졌다고 주장하여 다수의 자존심을 세워 주었고 자유주의가 지속하는 오랜 기간 동안 권위를 누려 왔다. 이는 서양인이 중세의 신적 세계관에서 벗어나 자율적 주체로 서게 되었다는 판단과 동일한 맥락이다. 신이 더 이상 세상사에 개입할 수 없다면 원초적 상태인 자연 상태를 가정해야 한다. 홉스는 자연 상태를 이기적 개인들의 끝없는 투쟁으로 보았고 따라서 절대권력을 가진 군주에게 권리와 자유를 양도하는 사회계약을 하게 된다고 주장했다. 이기적 개인은 자신에게 무엇이 이익인지를 계산할 줄 알며 자신의 판단에 따라 군주와 계약을 할 수 있는 자유로운 인간이어서 전근대적 군주제 하의 신민과는 다르다. 한편 로크에서는 자연 상태는 전쟁 상태가 아니라 단지 불편할 뿐이다. 인간은 각자의 이성적 판단에 따라 행동하며 생명, 자유, 재산에 대한 자연적 권리를 갖는다. 그러나 자연 상태는 자연권을 지키기에는 불안한 상태여서 인간은 민주적 정부를 구성하는 계약을 하게 된다. 로크의 자연권은 어떤 조건에서도 양도 불가능한 권리라는 점에서 인권 사상에서 중요한 첫발을 내디딘 것으로 평가된다. 우리는 자신의 이익에 따라 행동할 권리가 있지만 생명과 자유를 침해하는 행동을 할 수는 없다.

물론 평등한 개인들이 어느 날 갑자기 백지상태에서 합의를 통해 국가를 만들었다는 것은 아니다. 홉스나 로크는 당시에 일어났거나 진행 중이던 사회적 변화를 정당화하는 이론을 제시한 것이다. 홉스는 당시 의문의 대상이 되고 있던 왕권신수설에 맞서 군주제를 이성적으로 합리화하는 이론을 구상한 것이고 로크는 군주제에 반발하는 부르주아들의 생각을 대변하고 있다. 즉 그들은 어떤 식으로든 과거와의 연속성 속에서 변화를 추구하는 세력들을 대변하고 있었다. 한편 루소의 경우 자유주의자들보다 훨씬 더 근본적인 질문을 던지고 있다. 그것은 기존의 세력이나 다가올 세력을 대변하는 것이 아니라 '앞으로 그러해야 할' 이상을 제시하고 있기 때문이다. 루소는 권리적 사태와 현실적 사태를 구분함으로써 이상과 현실의 괴리를 분명하게 명문화한 사람이다. 그에게 로크나 홉스의 문명사회, 시민사회는 이기적 개인들의 욕망투쟁을 조정하는 장에 불과하다. 하지만 그것이 현실이며 현실을 비판하기 위해 과거로 돌아가자고 할 수는 없기 때문에 루소의 제안은 이상이 될 수밖에 없다. 그래서 만인이 공익을 위해 개인적 자유의 일부를 제한하는 데 동의하는 일반의지에 의한 사회의 건설은 현실을 설명하는 이론이기보다는 현실 비판을 위한 근거가 될 수 있다.

자유주의자들이 주장한 권리와 자유가 부르주아 중심으로 적용되었고 여성, 외국인 등 일부의 배제를 전제로 작동하였지만, 일단 시민사회의 틀을 짜는 작업에서 볼 때 다수의 인권을 위한 미래적 가치를 최초로 선보인 것은 분명하다. 그것은 저항이 이루어질 지반을 시민사회의 틀 안에서 마련하였기 때문이다. 물론 계약설이 현실적으로 일어나는 일을 설명하는 데 어려움이 있다는 것은 사실이다. 권력을 가진 자들도 계약의 형식을 띠고 기존의 권력관계를 관철시키려 하기 때문에 사회적 관계에서 공정성을 확보하는 것이 쉽지는 않다. 일단 제도로 완성된 체제는 과거의 저항의 동기들을 수면 아래로 밀어 넣고 형식적 공정성에 만족하기 쉽다. 하지만 루소의 이상주의는 여기에 일정한 쐐기를 박는 힘을 가진다. 제도 내에서 현실 대 현실로 맞서게 된다면 사실 모든 것은 권력투쟁이 되기 쉽다. 진부한 면이 있다고 해도 이상과 현실을 대면시킬 때 비판의 여지를 만들 수 있다. 루소에서 나타난 자율적이고 비판적 태도는 칸트 이후의 독일 사회철학에 전달된다. 사회적 문제는 기존의 제도적 틀 내에서 주어진 현상에 대한 과학적 분석만으로는 결코 해결할 수 없다. 우리는 왜 국가에 무언가를 요구하는가? 만약 모든 것이 이해관계의 충돌이고 주어진 틀 내에서 기존의 권력관계를 변화시킬 수 없다면 국가에 어떤 적극적인 것도 요구할 수 없을 텐데 말이다. 아닌 게 아니라 우리 사회를 지배하는 저변의 비관론, 양비론, 정치 혐오증, 무관심한 태도는 이런 배경을 가진다.

하지만 개인의 자유를 최대한 인정하고 국가의 역할을 축소하는 자유주의 이념이든, 공익을 위해 개인의 자유를 자발적으로 제한하는 루소식의 공화주의 이념이든 간에 차후에 진행된 서구의 역사적 과정에서 회고적으로 판단해 보면 일정 부분 수렴의 지점이 나타난다. 여기엔 지난한 노동운동의 역사와 사회주의 실험이 핵심적 역할을 하였고, 결과적으로 자유주의 내에서 사회복지를 누릴 권리, 사회권적 기본권이 제정되었다. 우리에게도 복지국가의 이념은 이제 일상적으로도 자주 등장하는 테마가 되었다. 시민들이 이렇게 확장된 권리를 적극적으로 요구한다면 국가가 해야 할 일은 과거보다 분명 증대되어야 함을 알 수 있다. 그리고 이는 행정 시스템의 복

잡화와 분화로 이어진다. 그렇다면 근대적 행정 시스템은 언제부터 정비되기 시작했을까? 자유주의의 이념으로 탄생한 근대국가는 개인의 자유를 억압할 수도 있는 국가권력을 약화시키기 위해 권력분립 장치를 마련했다. 여기서 행정은 법치국가, 최소국가의 이념에 따라 법 집행에 종속되는 지위로서 최소한에 머물렀다. 하지만 산업혁명을 거치면서 경제 발전과 사회변동으로 인해 행정의 역할은 오늘날에 이르기까지 점점 팽창되고 있다. 이는 푸코가 '정상화'라는 화두로서 여러 권의 저서에서 다루고 있듯이 산업, 교육, 치안, 위생 등 광범한 영역을 아우르면서 근대인의 삶을 조율하고 통제하는 시스템이 된다.

근대적 행정체계는 어떤 기작에 의해 작동하고 있을까? 행정이란 결국 인간의 삶을 국가체제에 맞게 조직화하는 것이고 거기서 발생하는 일탈이나 문제들을 조직 속으로 재편입시킴으로써 해결하는 것이다. 거기서 생명과 인간은 어떤 존재로 취급되고 있을까? 오늘날 인간과 생명의 활동은 데카르트나 뉴턴이 고안한 물리학에서 그런 것처럼 엄밀한 기계적 인과관계에 따라 일어나지 않는다고 보는 것이 상식이다. 하지만 생명이 아직 그 자체로서 '발견'되기 전에 기계적 인과관계는 생명을 포함하여 모든 것을 알 수 있는 열쇠로 여겨졌다. 모든 결과는 자신을 낳은 원인을 가진다는 데 동의하지 않을 지성은 없다. 동일한 원인은 동일한 결과를 낳는다. 이것들이 반복되면 하나의 법칙을 유도해 낼 수 있다. 그때부터 만사는 이 법칙에 따라 설명될 수 있고 예측될 수도 있다.

계몽주의 철학자들의 막내로서 프랑스혁명에 참가한 콩도르세도 이러한 믿음을 공유하고 있었다. 이 믿음은 선배들로부터 내려온 것이긴 하나 그들은 좀 더 다양했다. 그들 중에는 루소처럼 역사의 진보에 대해 회의하고 감정의 문제를 중시한 이도 있었으니 말이다. 콩도르세는 수학적 방법을 인간과 사회현상에 적용하면 자연과학만큼이나 정확한 지식을 얻을 수 있고, 따라서 인간 삶의 진보를 실질적으로 가능하게 할 것이란 강력한 믿음을 가진 몇 안 되는 선구자 중 하나이다. 수학적 정확함은 물질 영역에서는 예측을 가능하게 해 준다. 따라서 과학기술 및 산업의 영역에서 경제적 증진에 기여할 수 있을 것이다. 하지만 콩도르세에게 진보는 부의 축적만이 아니라 개인의 자유 확대, 불평등의 제거, 인간 능력의 개선으로 이루어진다. 다시 말해서 계몽주의자들은 수학적 자연관을 자유주의적 사고방식과 결합시켰다.

이것은 역사에서 일어난 우연이다. 여러 가지 부차적인 필연적 요소가 있을지라도 수학적 자연관이 반드시 자유민주주의와 양립하는 것은 아니다. 만약 강력한 힘을 가진 전제군주가 이러한 자연관을 신뢰한다면 군주로서의 자신의 위치만 제외하고 정밀한 지식을 이용하여 모든 국가 시스템을 일사불란하게 정비할 수도 있을 것이다. 실제도 이와 유사한 일이 나폴레옹 시대에 일어났고 또 지금도 어느 정도 성공한 독재국가에서 일어나는 일이다. 하지만 그것은 자유주의에서 처음 발생했다. 벤담의 원형감옥panopticon이라는 발상의 정확성과 보편적 효력은 수학적, 특히 기하학적 구도에 의지하지 않고는 상상하기 어렵다. 역사적으로 일어난 수학적 자연관과 자유주의의 결합은 설명을 요하는 일이다. 혁명을 꿈꾼 프랑스 계몽주의자들은 과연 이런 결과를 상상이라도 해 보았을까? 그들은 오히려 영국식의 자유지상주의보다는 평등주의 쪽에서 사고했으며 또 기계적 엄밀성, 자연과학적 진보의 성과가 인간의 더 나은 삶에 봉사할 것이라고 낙관적 예측을 내놓았다. 사실 자유지상주의에 가깝다 해도 당시 영국의 자유주의가 오늘날의 신자유주의와 같은 것은 아니다. '생명, 자유, 재산'의 천부인권을 주장한 로크의 사상에서 우리는 인권 사상의 단초를 읽는다. 자유와 권리는 비록 이념에서라도 만인을 노예적 삶으로부터 해방한다는 윤리적 가치를 전제로 하는 것이다.

하지만 역사는 모든 것을 바꾼다. 우리는 푸코의 스승으로서 이미 규범norm과 정상성의 문제에 대해 오랫동안 숙고한 캉기엠에게서 역사가 어떻게 인간의 열정을 차례로 기만하고 결국에는 그것을 차가운 대리석으로 만들어 박물관에 일렬로 진열해 놓는지를 볼 수 있다. 캉기엠은 규범과 정상에 대한 연구에서 이 말들이 지배계급의 표준을 의미한다는 것을 정확히 보여 준 사람이다. 서양어에서 정상적normal이라는 말은 규범norm에서 유래한다. 한 사회의 규범을 지키는 사람은 정상적이고 그렇지 않은 사람은 비정상이 된다. 언어적 연관성을 떠나 고찰해 보아도 이 사실은 다른 문화권에서도 수긍이 가능하다. 규범을 어기는 사람은 종종 비난받게 되고 결국 비정상이라는 오명을 갖게 된다. 흥미롭게도 규범과 정상성의 밀접한 관계는 프랑스에서는 적어도 인간적 삶의 기반이 되는 언어 경험에서 유래한다. 루이 14세의 시대인 17세기에 리슐리외 추기경이 설립한 프랑스 학사원, 즉 아카데미 프랑세즈에서는 프랑스 문법의 규범을 교양 있는 파리 시민의 용법으로 정했다. 이 규범은 왕권에 유리한 중앙집권화라는 정치적 규범에 따른 것이다. 이제부터 파리의 언어가 표준어가 되고 그 외의 모든 지역에 사는 사람들은 자기들의 언어가 방언, 즉 사투리라는 것을 인정해야 했다. 중앙집권화가 어느 날 갑자기 시작된 것은 아니라고 해도 그것을 법적으로 강화하는 작업이 가속화되면서 중심과 주변이 뚜렷해지고 주변 지역은 점점 중앙에 종속되는 현상이 일어난 것이다. 민중혁명이라는 프랑스혁명이 일어난 후에도 상황은 전혀 바뀌지 않았다. 대혁명과 나폴레옹 집권을 거치면서 이는 오히려 영역을 넓히면서 강화된다. 그것은 언어 문법만이 아니라 산업과 위생 그리고 국방의 영역을 비롯해서 인간의 삶을 지배하는 모든 영역으로 확산된다. 중심부에 사는 시민계층을 중심으로 동심원의 반지름이 확대되면서 전국으로 퍼져나가는 형식이다. 산업화 이후 우리의 서울중심주의도 이와 마찬가지다. 캉기옘은 정상이라는 말의 성립 과정에 중심에 있는 계층, 또는 맑스의 용어로 지배계급이 자신들의 규범을 보편화하는 과정이 있음을 주목한 것이다.

사실 중앙집권화가 일어날 경우 중앙을 차지하는 계층이 중산층이라면, 그리고 인구 비례로 보아 중산층이 국민의 대다수를 차지한다면 이러한 현상을 굳이 우려하지 않아도 된다. 하지만 대개의 경우 그렇지 않다. 루이 14세 시대의 교양 있는 파리 시민들은 귀족과 부르주아들이다. 당시 부르주아는 이전에 비해서는 수가 늘었지만, 여전히 소수의 특권층이었다. 마치 유행의 흐름이 그러하듯이 이들은 언어부터 시작해서 삶의 양식, 미의 기준, 예술과 교양의 기준 등 인간 삶의 전반에 걸쳐 교양인

gentilhomme의 모범으로서 스스로를 차별화하고 이를 기준으로 인간의 자질을 평가하게 된다. 문명 civilisation, 문명인이라는 말이 명사화되어 유행하기 시작한 것도 바로 이 시기이다. 교양인의 방식을 따라 살 수 없는 사람들은 스스로를 결핍 존재로, 천박한 존재, 무식한 존재, 미개한 존재로 간주해야 했다. 비록 혁명은 민중 편에서 가치의 전도를 시도했지만 성공할 수 없었다. 천박한 존재가 위대한 것이 아니고 민중이 교양인의 위치로 올라서야 했던 것이다. 혁명의 소용돌이를 거치면서도 저지할 수 없었던 이 강력한 흐름, 캉기엠의 용어로 '정상화 normalisation'를 향한 거침없는 행진을 추동한 힘은 무엇일까?

자유, 평등, 박애를 비롯한 인간적 가치의 선언 배후에는 여전히 다수의 인구를 통제해야 하는 행정적 필연성이 도사리고 있다. 사회 구성원의 최대 다수가 그들의 욕구를 최대로 충족시키는 방향으로 사회를 조직해야 한다. 벤담은 자연적 정념인 쾌락과 고통의 바탕 위에서 사회적 효율성의 요구를 명료하게 제시한 사람이다. 그러나 이를 실천하기 위해서는 다수의 욕구와 행동이 조직되고 통제되어야 한다. 민중은 단번에 통제되지 않는다. 통제를 위해서는 이미 조직화된 세력의 조직화 양식을 다수에게 부과해야 한다. 이것이 프랑스혁명 이전과 이후의 연속성을 가능하게 하고, 우리 사회에서도 해방 후 미군정 시기에 일제의 행정적 장치를, 통탄할 노릇이지만, 부역의 주체들과 더불어 그대로 작동하게 한 이유이다. 버클, 기조 그리고 숱한 전통주의자들, 보수주의자들의 주장이 바로 이런 토양에서 자양분을 흡수한다. 행정적 관성은 편리함을 따른다. 다수 민중의 해방이 없었다면 불가능했을 산업혁명과 더불어 오늘날 그것이 없었다면 우리 삶이 어떠했을지 가늠할 수조차 없는 각종 규준들, 미터법을 비롯하여 계량의 표준 단위들, 온갖 기술 장비의 규격화, 위생의 규범들 등 근대인의 삶을 주조하는 기초적 요소들이 구성된 것이 바로 이때이다. 이러한 규범들은 또한 망처럼 상호 연관되어 산업사회의 전체적 플랜 아래 정돈된다. 푸코가 잘 지적했듯이 자유주의 국가 내에서도 군대나 병원, 학교, 공장 등 많은 시설들이 원형감옥과 같은 방식으로 운영된다.

관료주의가 정착하고 개인은 집단의 일원으로서 산업사회의 구성원으로서 각종 규범들의 실행자로서만 존재한다. 그렇게 역사는 인간의 열정을 박제화한다. 자유, 평등, 박애의 실천으로서의 인간은 어디론가 증발하고 조직화된 군중, 통제의 대상으로서의 군중만이 남았다.

3. 관료행정과 생명

　생명은 어디로 간 것일까? 생명, 자유, 재산을 지키겠다는 계약을 이행하기라도 하려는 듯 국가는 생명을 거대한 관료행정의 몇몇 구석에 고이 모셔 놓았다. 병원에서, 보건소에서, 군대와 학교의 양호실에서, 라디오와 TV, 신문의 건강 코너에서, 헬스클럽에서, 생명보험회사에서, 생물학자의 실험실에서, 무엇보다 보건 당국의 각종 위생 지침 속에서 말이다. 그것은 입헌군주제의 왕처럼 성안에서 혹은 인디언 보호구역처럼 잘 구획된 지역에서 돌봄의 대상이 되었다. 그런데 이런 구획화, 조직화의 양상이 사실 생명 자체의 진화를 모방하고 있다는 것은 아이러니하다. 행정 당국의 조직도는 생명의 구조를 연상시키는 면이 분명히 있다. 어마어마한 수의 세포들로부터 각종 기관들의 형성, 기관들의 세부화와 구획화 그리고 기관들 간의 밀접한 연계와 상호보완 체계가 그러하고, 무엇보다 중추신경계에 의해 지배되는 신체 전체의 일사불란한 활동이 그러하다. 이런 체계가 합리화라는 이름으로 산업화, 근대화를 이끌어 온 물적 기반이다. 콩트는 『실증철학강의』에서 사회유기체라는 말을 처음으로 사용했다. 수학을 기반으로 하여 물리화학, 생물학 그리고 사회학(인간과학)으로 이어지는 학문의 통일을 고안한 그는 사회(과)학이 생물학을 기초로 한다는 주장을 명시적으로 제기한 최초의 인물이다. 그러나 생물학적 사회 이론이 모두 지배와 피지배의 위계적 관계를 생물학적 필연성으로 인정하는 사회유기체설을 지지한다는 것은 피상적인 비판에 불과하다.

우선 콩트는 유기체와 사회가 조직화되어 있다는 점에서 유사성이 있으나 전자에서는 전체를 이루는 기관들이 하나의 전체를 위해 내재적으로 통합되어 있는 반면 후자에서는 기관들은 서로 분리되어 있고 각각이 일종의 변화 가능한 기계장치처럼 기능하기 때문에 분명한 차이가 있다는 것을 지적한다. 콩트가 유기체와 사회를 비교하는 이유는 무엇보다 질병의 사례를 사회에 적용해서 얻을 수 있는 효과 때문이다. 유기체는 물체와 달리 질병을 앓는다. 비샤X.Bichat는 이미 물리학에는 병리학이 없다는 유명한 말을 남기며 물질과 생명의 구분을 명확히 했다. 이들이 공통적으로 주목한 것은 살아 있는 존재는 질병을 앓으며 이를 본래 상태로 되돌리기 위해 노력한다는 것이다. 살아 있는 존재인 이상, 질병이라는 문제는 어떤 방식으로든 해결되어야 한다. 자연 치유라는 것은 유기체가 어떻게든 스스로를 치유하는 자생적 능력을 소유하고 있다는 것을 보여 준다. 초기 의학은 이 자연 치유 능력을 연장하고 활성화한 것에 지나지 않았다. 사회는 어떠한가? 사회도 질병을 앓는가? 콩도르세의 제자인 콩트가 혁명 후의 혼란한 사회가 제대로 작동하기를 바라는 마음으로 다시 주목한 말은 질서이다. 사회가 질서를 잃어버릴 때 어느 부분도 제대로 작동하지 않는다. 거꾸로 일부 혹은 전부가 작동하지 않으면 그 사회는 무질서하게 된다. 어떤 식으로 표현하든 그것은 일종의 질병에 비유할 수 있다. 질병은 치유되어야 한다. 그렇지 않으면 유기체는 죽는다. 사회도 마찬가지다. 제대로 작동하지 않는 사회, 무질서한 사회는 퇴보한다. 그래서 '진보는 질서의 전개'라는 역설적 표현이 나온다.

그러므로 우리는 콩트가 사용한 유기체와 사회의 유비에서 단순한 유사성이 아니라 좀 더 절박한 어떤 것을 읽는다. 개인의 차원에서 볼 때 질병은 나를 죽음에 이르게 할 수도 있는 위험이다. 반면 사회의 무질서, 일부분의 오작동은 나와 직접적인 관계가 없을 수 있다. 예를 들어 메르스 창궐 기간 동안 병원에만 가지 않고 집에서 위생관리만 잘하면 그만이다. TV에서 확진 환자의 통계나 보면서 죽음에 이른 불행한 이들에게 조의를 표하면 그만이다. 사회의 위험이 나의 직접적 위험은 아닐 수도 있다는 것이다. 흄은 인간의 이기심에 따르면 인류 전체의 멸망보다 내 손가락 끝의 상처가 더 중요한 것으로 느껴진다는 말을 한 적이 있다. 이 때문에 유기체라는 단위와 사회라는 단위는 분명히 다르다. 콩트가 이 사실을 몰랐던 것이 아니다. 그의 생각은 유기체가 병에 걸릴 수 있는 것처럼 사회도 병에 걸릴 수 있고 유기체가 죽을 수 있는 것처럼 사회도 죽을 수 있다는 것이다. 사회의 존립과 작동에 대해 유기체의 진실을 빌어 말해야 할 정도로 그 중요성은 절박하다는 것을 표현한 것이다. 좋다. 절박함, 그것은 문제 해결의 최초의 동인이니까.

콩트는 관료행정주의에 생명을 불어넣은 사람이다. 쾌락과 고통을 느끼는 벤담의 인간기계나 전체의 고통 감소와 쾌락 증진을 위해 수학적으로 그 양을 측정하고 계산하여 통계를 낼 수 있는 사회기계보다는 그래도 병들고 아파하며 치유를 요구하는 사회가 좀 더 생명의 본래 의미에 가까울 것 같다. 질병과 치유의 비유는 문제의 심각성에 다가가는 첫걸음이다. 단순히 부의 전체적 분배가 중요한 것이 아니라 문제를 문제로서 인지하는 태도가 중요하기 때문이다. 이는 우리 사회가 결핍하고 있는 가장 큰 문제라고 지적하지 않을 수 없다. 위기 상황에서 그것이 위기임을 인지하지 못하는 사회, 병든 사회이면서 자신이 무슨 병에 걸렸는지도 모르는 사회, 아니

병에 걸렸는지조차도 알지 못하는 사회, 더 심하게 이야기하면 병을 키우는 사회, 콩트라면 분명히 우리 사회를 그렇게 진단했을 것이다.

콩트의 진단이 정확하다면 이제 문제되는 것은 치료이다. 어떻게 치료해야 할까? 사회적 질병에서 의사는 누구이고, 그는 어떤 방법으로 치료해야 할까? 콩트는 엘리트 관료가 지배하는 테크노크라시를 꿈꾸었다. 콩트는 자신이 속한 시대를 신학적이고 군사적인 사회에서 과학적이고 산업적인 사회로 이행하는 과도기로 파악한다. 그리고 인간에게 일어나는 모든 문제의 해결을 사회조직의 임무로 환원, 능력 있는 관료들이 사회의 문제들을 실질적으로 해결하기 위해 과학기술을 도입하고, 합리적인 방식으로 일하는 사회를 이상으로 제시한다. 수학적 세계관의 확대와 자유주의를 결합한 콩도르세의 낙관적 태도를 계승한 콩트는 이에 플라톤적인 엘리트주의를 덧씌운 것이다. 좋다. 의사는 실력이 있어야 한다. 그런데 무슨 실력인가? 다시 한 번 말하지만 콩트에게 그것은 과학이다. 콩트는 오늘날에 와서야 그 의미가 분명해진 과학기술 만능주의를 명료하게 제시한 사람이다. 테크노크라트들은 사회의 의사이며 그들은 사회의 질병을 치유한다. 따라서 그들이 의지하는 과학기술은 일종의 사회의학이 된다. 과학기술은 두 가지 본질적 특성 위에서 작업한다. 보편화와 양화이다. 양화는 모든 현상을 균일한 요소들로 환원하여 거기서 항구적 법칙을 이끌어 낼 수 있게 해 준다. 이렇게 도출된 법칙은 모든 현상들에 보편적으로 적용된다. 요소의 특징들을 남김없이 파악할 수 있으면 전체의 특징도 자연히 드러난다. 콩트가 인간과 사회에 대해 어떠한 이상을 가지고 있었건 간에, 이러한 방법론 자체는 벤담의 양적 공리주의와 동일한 바탕 위에서 작동된다.

공리주의와 기술관료주의, 동일한 방법론 위에서 있는 이 두 가지 태도는 결국 오늘날 국가가 재난에 대면하여 문제를 해결하는 유일한 철학이자 실천 방안이 된 것 같다. 예를 들어 우리는 메르스 백신이 개발되기 전까지는 기존의 매뉴얼을 사용하여 바이러스의 침입이 가능한 한 집단 전체로 확산되지 않게끔 최선을 다해야 한다. 감염자 수를 최소화하기 위해 병원 및 보건 당국은 신속한 대처를 해야만 한다. 확진자들을 병동에 격리하고 감염이 의심되는 환자들에게는 자가 격리를 유도해야 한다. 전 국민에게 방송을 통하든, SNS을 통하든, 대처 방법을 지시하고, 거기다가 불필요한 동요를 막기 위해 바이러스의 위험을 '과장'하는 언론을 통제해야 한다. 벤담이나 콩트에 의하면 이런 수순에 의해 최대한 효율적인 방식으로 대처하였을 경우 환자와 사망자의 숫자가 얼마가 되건 우리는 정부를 비난할 수 없을지도 모른다. 장관이나 대통령이 형식적인 사과를 하는 것으로 사태는 마무리될지도 모른다. 하지만 우리 정부는 첫 감염자의 처리부터 시작하여 초기 대응에 완전히 실패하고, 시간이 지난 후에도 문제의 심각성을 감추려 하는 등 지도층의 무책임과 전근대적 비합리성을 적나라하게 노출시켰다. 세월호 사건에서도 여실히 드러난 이러한 무능과 무책임은 다음과 같이 요약할 수 있을 것이다.

각 분야에서 합리화된 행정 체계의 미비함, 장차관급 인사들, 심지어 행정부의 수반인 대통령의 무기력하고 무관심한 태도와 해당부서 공무원들의 나태함, 언론의 권력 지향성으로 인한 본질 호도 등….

총체적으로 볼 때 근대화된 행정 시스템이 위기 상황에서 작동하지 않고 있었으며, 이를 감독하고 견제할 언론과 정치도 대부분 마비 상태에 있었다고 보는 것이 맞다.

그렇다면 문제는 합리화된 체계의 결핍인가? 일종의 불완전한 근대화가 문제란 말인가? 근대적 체계에서 빠져 있는 것은 무엇인가? 콩트의 저격수는 일일이 열거할 수 없을 정도이지만 우리는 다시 한번 캉기옘을 호출하고자 한다. 합리화된 제도가 생명을 가진 존재자들에게 적합한 방식으로 적용되기 위해 필요한 것은 올바른 규범의 확립과 행사이다. 가장 넓은 의미에서 사회 규범은 개인의 이탈 행위를 제어하고 사회의 존속을 유지하는 장치이다. 규범의 행사는 그것이 강제성을 띨 때는 정당화된 폭력을 수반하며 강제적이지 않을 때도 정상과 비정상을 가르는 가치판단으로 작용한다. 양쪽 어느 경우에든 규범을 지키는 사람들은 서로 동일화되고 지키지 않는 사람들은 배제된다. 이 동일화와 배제의 기제는 규범의 준수 여부가 자의적이든, 자의적이지 않든 상관없이 작용한다. 그래서 불법을 저지르고 수감된 사람과 마찬가지로 치명적 바이러스에 감염된 사람도 격리된다. 범죄자와 마찬가지로 감염 확진자도 피해야 할 대상 1호가 된다. 피해야 할 대상은 경우에 따라 광인, 여성, 동성애자, 외국인 노동자가 될 수도 있고 나아가 노동운동가, 공산당, 좌파, 특정 지역 출신자가 될 수도 있다. 그러면 동일화와 배제의 기제를 작동시키는 규범은 누가 정하는가? 실증주의와 공리주의는 이러한 기원에 관심이 없다. 현재 시행되는 규범의 효율성 여부를 물을 뿐이다. 분명한 것은 사회적 규범에서 이러한 기원은 외부로부터 온다는 것이고, 캉기엠과 푸코가 이미 지적했듯이 그것은 애초에 지배계급의 규범이었다는 것이다.

사회생활을 영위하기 위해 규범들의 존재가 필수적이라고 한다면 우리는 그것들의 기원과 목적을 알 권리가 있다. 사회의 규범이든, 개인의 규범이든, 규범은 문제를 해결하려는 목적을 가진다. 그래서 누구의 문제인가, 어디서 유래한 문제인가, 해결할 경우 누구에게 도움이 되는가를 명확히 해야 한다. 문제의 해결이라는 면에서 사회의 규범은 유기체의 규범과 닮아 있다. 이미 콩트가 두 가지를 비교했듯이 말이다. 그러나 콩트가 결정적으로 놓친 것이 있다. 유기체의 규범은 사회적 규범과 달리 내재적이라는 점이다. 캉기엠이 내재적 규범을 이야기할 때 가장 중요한 점은 유기체가 고통을 느끼는 존재이면서도 그것을 스스로 조절하는 역량이 있다는 점이다. 이것은 단순히 쾌락과 고통의 계산법으로 환원되지 않는 생명에 고유한 상태가 있음을 말한다. 생명체가 문제를 문제로서 인지하는 것은 신체가 고통을 느낄 때이다. 고통을 해결하는 것은 선택의 문제가 아니라 정언명령이다. 고통을 겪는 대신에 보상으로서 다른 쾌락과 교환할 수 있는 것이 아니라는 말이다. 그래서 한국에 온 외국 관광객이 메르스에 감염될 경우 얼마를 주겠다는 식으로 침체된 관광업계의 문제를 해결하겠다는 것은 생명체의 본성에 완전히 무지한 발상이다. 고통은 고통 자체로서 해결해야 한다. 고통을 해결하기 위해 우선 주목해야 하는 것은 생명체의 특이성이다. 고통의 원인이 생명체를 파국으로 몰아가지만 않는다면 생명체는 새로운 규범을 세움으로써 고통을 그럭저럭 해결한다.

이것이 생명체의 내재적 '정상화' 과정이다. 만약 처음의 상태로 되돌아가는 것이 불가능하다면, 이 일시적 규범이 반영구적 규범이 된다. 그래서 허리가 굽은 노파는 불편하기는 하지만 그 상태로서 생존을 영위하는 열등한 규범 속에서 나머지 삶을 살아간다. 아무리 발달된 의학이라도 생명체의 이러한 규범성이 없다면 그것은 작동하지 않을 것이다. 수술을 해도 회복하는 것은 환자의 능력이다. 동일한 바이러스도 모두에게 똑같이 작용하지 않는다. 개인마다 차이가 있는 것은 이러한 능력이다. 그래서 모든 사람에게 똑같이 바람직한 건강 상태란 존재할 수 없다. 건강을 누리는 조건이 개인마다 다르기 때문이다.

4. 메르스가 병인가, 우리가 병인가?

우리는 누구나 건강하기를 바라지만 사실 이상적 의미에서의 건강이란 존재하지 않는다. 우리는 청정지역에서 맑은 공기를 들이마시고 몸과 마음이 스트레스로부터 완전히 해방된 상태에서 하고 싶은 것을 하는 상상을 한다. 그렇게 즐거운 꿈을 꾸면서 한 해를 견디다가 마침내 바캉스를 떠나지만, 공해로 뒤덮인 고속도로를 수시간 주행한 후 결국 여행객들로 북적이는 유원지에서 실망하고 돌아온다. 이와 마찬가지로 이상적 의미에서의 건강은 종종 헛된 꿈으로 남는다. 유기체는 언제나 어느 정도는 질병을 안고 산다. 질병과 정상상태의 경계가 그렇게 분명한 것도 아니다. 우리는 항상 피곤함과 가벼운 통증, 어지러움과 구토, 심적 압박감 등 각종의 불쾌한 상태와 더불어 있다. 하지만 이러한 상태를 견뎌 내고 자신만의 유쾌한 상태를 만들어 내는 것도 유기체 자신이다. 삶을 견뎌 내는 지혜, 문제를 해결하는 지혜, 거기서 나름의 행복을 발견하는 지혜는 이미 유기체에서부터 마련된 생명의 장치이다. 그것이 캉기엠이 유기체의 규범성이라는 말로 전달하고자 했던 것이다. 그것은 개인 각자가 자신의 생명적 우주를 가지고 있다는 사실을 보여 준다. 그 우주가 정상이냐, 아니냐를 외부에서 결정할 수 있는 권리는 없다. 정상의 기준으로 이 작은 우주들을 공통의 우주에 통합하려 하고 그래도 통합되지 않는 것을 비정상으로 배제하는 것은 생명에 대한 무지이자 폭력이다. 사람들이 상당히 잘못 알고 있는 것이 하나 있다. 작은 유기체 내부에서부터 분류학에서 보여주는 전체 생명계에 이르기까지 이른바 '생명의 사다리'라고 불리는, 전체를 관통하는 하나의 위계가 있다는 것이 그것이다. 오늘날 우리는 이것이 절대왕정시대의 상상력이 만들어 낸 잘못된 표상에 불과하며, 생명계에 비록 투쟁이 있기는 하지만 무수한 돌연변이가 만들어 낸 차이들을 포함하여, 각각의 생명체는 모두가 자신의 삶을 지켜 내고 도약하기 위해 협동하고 공생하면서 가능성들을 실험하는 과정이라는 것을 안다.

외적으로 주어진 정상의 개념만큼이나 위험한 것은 또 있다. 바로 통계만능주의다. 전자가 합리론의 독단적 오류라면 후자는 경험론의 무모한 오류라고 부를 수 있겠다. 통계 수치를 이용해서 주민의 삶의 질을 판단하려 하는 것은 개인들 간의 내재적 규범의 차이를 무시하는 점에서 어쨌든 강요된 정상성의 기준과 다름이 없다. 생명체에 있어서 규범은 통계로 만들어지는 것이 아니다. 거꾸로 통계의 결과가 개체들의 규범들이 보여 주는 일정한 경향에서 나온다. 실존주의자들이 잘 이야기한 것처럼 여기서야말로 실존은 본질에 앞선다. 자신의 상태를 가장 잘 아는 것은 유기체 자신이다. 예를 들어 미국인의 통계적 규범으로 보면 한국인은 모두 알코올중독자다. 하지만 동료와의 경쟁, 상사의 스트레스, 만성화된 과로에 천정부지로 치솟는 전셋값, 아이 교육 등으로 스트레스를 받는 보통의 한국인에게 일주일에 두어 병의 소주가 알코올중독을 가르는 기준이 된다면 그것을 유도한 우리 사회 전체가 비정상이라 해야 한다. 이 말에 일견 동의하는 사람도 있을 것이다. 하지만 우리가 미국을 기준으로 우리를 비정상으로 취급해야 할 필요가 없듯이 타인들의 통계 수치를 기준으로 나의 삶을 비정상이라 할 필요도 없다.

어떤 방식으로든지 간에 생명체의 내재적 규범을 무시한 행정 관행은 그 자체로 폭력이 될 수 있다. 사실 의학적 처치의 대부분이 이미 확립된 처방을 개인의 특성과 무관하게 천편일률적으로 적용하는 것이기는 하다. 하지만 적어도 의사는 개인을 직접 대면하기 때문에 교정의 여지가 있지만 행정 당국의 조치에서 개인들은 그 자체로서 포함되지 않으며 단지 집단을 이루는 요소에 불과하다. 행정 당국은 이러한 경향을 가속화하면서 또 다른 고통을 만들어 낸다. 예를 들어 보건 당국이 메르스 확진자가 줄었다는 통계를 자랑스럽게 제시할 때, 그들은 이미 감염자로 처리되어 그 사실로 인해 고통받은 사람들, 확진 판정을 받고 고통받은 사람들, 바이러스를 이기지 못하고 죽어 간 사람들을 투명인간처럼 취급한다. 세월호 유가족들이 제기하는 문제를 보상금 문제로 치환할 때도 마찬가지다. 가족이 느낀 고통, 떠나간 사람들이 느꼈을 고통, 그들의 죽음 그 자체에 대해서는 유구무언이다. 그들은 이미 배제된 자들이고 관심에서 벗어난 것이다. 사회적 재난이 그 자체로서 해결해야 하는 문제이기는 하다. 행정 당국은 당연히 해야 할 일이 있다. 미래의 감염을 예방하기 위해 감염자들의 격리가 필요하다면 해야 한다. 그것도 신속하고 효과적으로 말이다. 하지만 사회적 재난은 관련된 개인들에 플러스알파인 것이지, 이들을 배제한 재난 그 자체가 존재하는 것은 아니다.

물론 구체적 상황으로 들어가 보면 질적 수준을 갖춘 사회복지의 부재와 공공 의료 시설의 절대적 부족이 이러한 결과를 야기했다고 본다. 세월호의 경우, 해경은 인명 구조 작업 훈련 자체를 받은 적이 없다고 했다! 하지만 물질적인 이유가 전부는 아니다. 본질적인 것은 사태의 진단에서부터 시작된다. 콩트가 주장했듯이 사회도 질병을 앓을 수 있다. 유기체처럼 사회도 언제나 문제 상황에 처해 있다. 그것은 외부의 직간접적 자극에 노출되어 있으며, 크고 작은 사고는 항시 일어난다. 안보의 위협이나 외교적 문제들, 경제 위기는 이미 독립변수들이 아니라 상수들이다. 해결해야 할 막대한 문제들이 있지만, 그렇다고 해서 그 사회를 병든 사회라고 하지는 않는다. 완벽한 건강이란 존재할 수 없듯이 유토피아도 있을 수 없다는 것을 우리는 너무도 잘 알고 있다. 물론 상대적으로 안정된 사회, 이른바 선진국의 상황과 비교한다면 문제는 헤아릴 수 없이 불어나겠지만 그러한 비교를 통해서 우리에게 질병이 있다고 진단할 수도 없는 노릇이다. 제3세계가 모두 병든 사회는 아니다. 하물며 세계 11위의 경제 대국을 외부의 잣대로 평가하는 것은 별로 그럴듯하지 않다. 캉기엠이 주장하듯이 질병은 외부의 규범보다는 내적 규범으로 진단하는 것이 올바른 문제 해결의 시작이다. 유기체는 신체가 고통받을 때 자신이 비정상임을 안다. 이전의 상태와 비교할 때 분명히 좋지 않은 방향으로 변화가 일어났다는 것을 느끼기 때문이다. 바로 이 느낌을 가지고 외부 전문가의 도움을

요청하는 것이다.

그렇다면 이 내적 규범, 이른바 내재적 접근법으로 볼 때 우리는 건강한가? 정상인가? 세월호 사고와 메르스 바이러스의 침입 자체에는 일부 자연적 요인이 있다 하더라도 그것에 대처하는 우리 정부의 모습은 총체적 난맥상이었다는 것은 이제 누구도 해석의 문제가 아니라 사실의 문제로 받아들인다. 캉기옘의 말대로 병든 유기체도 나름의 규범은 가지고 생존한다. 하지만 병든 유기체의 가장 큰 문제점은 새로운 자극 앞에서, 위기 상황에서 문제에 대처할 수 있는 새로운 규범을 설정하지 못한다는 점이다. 물론 어떤 정부도 완벽할 수는 없다. 인간의 집단이기 때문에 실수의 여지도 언제나 열어 두어야 한다. 그러나 이 정부가 문제를 해결하기 위해 기존의 위기 상황 매뉴얼조차도 제대로 활용하지 못한 채 사실을 은폐하고 언론을 통제하려 했다는 것은 정상적 상태라고는 절대로 볼 수 없다.

게다가 명백히 질병을 키운 것이라고밖에 볼 수 없는 사실들이 있다. 예를 들어 어떤 희생을 무릅쓰고라도 진실을 밝히고자 하는 세월호 유가족들을 도와주거나 진심으로 공감하기는커녕 무모한 발언으로 그들을 모욕하거나 심지어 고립을 유도하는 경우가 그것이다. 사람이 자발적으로 이렇게까지 비루해질 수 있을까? 나는 그렇게 생각하지 않는다. 생명을 가진 인간은 다양성과 차이를 지닌 존재이며 고통에 대한 자연적 공감을 갖는다. 어떤 외력이 작용하지 않는 상태나 위기 상황이 아니라면 맹목적으로 이분법적 편 가르기를 하지는 않는다. 중세와 르네상스의 마녀사냥도 일반인들이 자발적으로 행한 것에 비해서 지배계급의 전략에 따라 일방적으로 행해진 사례가 월등히 많다고 전해진다. 분명히 슈퍼파워의 어떤 의도를 실현하고자 하는 행동 부대의 행태 이외에 다른 것이 아니다. 인간의 비루함을 무기로 해서 지지자들을 결집하고 이를 거부하는 사람들에게는 정치혐오증을 불러일으키는 것이다. 손해 볼 것이 없다. 그들의 영혼을 더럽히는 일 외에는 말이다. 결국 비루함의 정치학이다. 메르스 사태에서 이는 적극적인 은폐의 전략으로 나타났다. 세월호의 경우에도 초반에는 은폐 행위가 있었고, 시간이 지나면서 이는 적극적인 편 가르기로 전환되었지만 메르스 사태의 경우에 은폐는 단순히 당국자들의 실수를 감추는 것과 관련된 것이 아니라 국민들 전체의 안위를 위협하는 식으로 사태를 악화시켰다. 사악하기까지 한 행위다.

"호미로 막을 것을 가래로 막는다." 이는 질병의 진행 과정에서 정확히 들어맞는 말이다. 그중에서도 초기 진단이 무시되었을 때, 생명에 치명적 영향을 미치는 질병으로는 암이 으뜸이다. 당국의 무능한 메르스 대처는 가히 암종에 비유할 만하다. 생명을 잃은 환자들과 가족에게 진심으로 정중히 사죄해야 한다. 자신의 결점을 은폐하는 행태의 기원은 콤플렉스에서 찾을 수 있다. 은폐는 종종 왜곡이나 미화, 혹은 좀 나은 경우라 해도 자기변명을 낳는다. 역사에 대한 일본의 불가해한 태도가 그것이다. 아시아 대륙에 대한 콤플렉스건, 서구에 대한 콤플렉스건 간에, 콤플렉스는 일본이 근대화를 추동한 원동력이 되기도 했지만, 결국 그들을 진실에 눈감는 위선자로 남게 했다. 그러면 어떤 콤플렉스가 우리 행정 당국으로 하여금 그들의 행동을 감추게 하는 것일까? 대답하기 어렵지 않은 질문이다. 자발성을 상실한 데서 유래하는 무능과 무기력이 바로 그것이다. 자발성을 상실한 행정은 자기변명조차 로봇처럼 뇌까릴 뿐인, 슈퍼파워의 노예와 다르지 않다.

하지만 이것이 문제의 전부일까? 나는 더 큰 문제가 있다고 생각한다. 다리에 암종이 있으면 절단해야 한다. 머리에 있어도 그 부분은 도려내야 한다. 그래야 남은 부분이라도 살 수 있다. 하지만 도려냈음에도 불구하고 암종이 계속 퍼져 간다면? 나는 우리가 가진 암종을 타인의 고통에 대한 무모한 반응, 무신경한 태도, 무감각이라고 할 것이다. 어떤 절박한 상황에서는 이런 태도는 명백히 유죄다. 예를 들어 청명하고 낭랑한 목소리로 확진 환자의 숫자를, 심지어 사망자의 숫자를 반복하여 전달하는 젊은 앵커의 영혼 없는 목소리는 환자 가족에게는 악마의 저주처럼 들릴 것이다. 목소리에도 영혼이 있다. 애도의 감정이 깃들면 전달 표현은 달라질 수밖에 없다. 만약 그것이 불가능하다면 효율성이 뛰어난 로봇으로 대체해야 한다. 고통받는 사람들을 소외시키거나 비난하는 데 직접 가담하지 않더라도 그것을 보고 막연히 동조하거나 이에 무감각한 사람들이 있다. 사실 가장 큰 문제는 막연히 동조하는 다수이다. 감정의 작동 불능 상태는 자폐증에서 흔히 보이는 증상이다. 자폐증 환자에게는 반복 학습이 어느 정도는 효과가 있다. 마찬가지로 국가 차원에서 공식적으로 혹은 시민 단체의 차원에서라도 애도 기간을 가져야 하고 그것도 반복적으로 행해야 한다. 기억이 그것을 받쳐 주기를 기대하지 말고 기억을 떠올리게 하는 장치를 마련해야 한다. 우리는 모두 잠재적 환자이고, 잠재적 감염자이며, 잠재적 유가족이고, 무엇보다 죽음을 향한 존재이다. 죽음, 그것은 마치 핵무기와도 같아서 그 민낯을 마주하지 않을 때 의미 있는 것이다. 그 존재만으로 우리 삶의 소중함을 매순간 깨닫게 해 주는 것이다. 이것이 민낯 그대로 드러날 때, 우리 삶이 직접 죽음과 대면하여 싸워야 할 때, 삶은 고통스러워진다, 비루해진다, 처참해진다.

5. 「피로사회」의 불행한 순환을 종식시키기 위하여

　생명의 철학자 베르그손에 의하면 생명체는 생명을 가진 것들에 대한 자연적 공감을 가진다. 플로티노스는 존재 전체를 아우르는 일자의 철학을 제시하며 일자는 하나이기 때문에 자기 자신과 공감할 수밖에 없음을 주장한다. 어려운 존재론의 문제가 아니라 우리 자신들을 돌아보게 하는 도덕적 성찰에 대해 생각해 보자. "타인의 고통에 대한 자연적 공감." 경험주의 철학자 흄은 도덕의 기초를 이와 같이 간략히 말한 바 있다. 세월호와 메르스를 통해 드러난 오늘날 우리 사회의 문제는 많은 사람들이 지적하듯 시스템의 문제이기도 하고 정치의 부재 또는 과잉의 문제 아니면 역사의 퇴행에 기인하는지도 모른다. 하지만 그것은 타인의 고통에 대한 무관심에서 절정을 이룬다. 이 모든 이유들이 상호 악순환을 이루고 있는 것은 분명하지만, 생명을 가진 인간에 대한 인간 자신의 비루한 태도는 비극 중의 가장 큰 비극이라고 생각한다. 그래서 나는 이 마지막 장을 현재 우리에게 고통에 대한 공감이라는 도덕적 감정이 퇴색한 이유를 찾는 데 할당하고 싶다. 나는 도덕이라는 애매한 말로 문제의 구체적 원인을 희석시키고자 하는 것이 아니라, 오히려 그것을 문제의 좀 더 근본적인 원인을 찾는 단서로 삼고자 하는 것이다. 나는 이를 위해 현대사회를 신경증적 자아들의 긍정성과잉과 자기착취로 진단한 한병철 씨의 「피로사회」를 다시 읽으며 비판적 전망을 생각해 보고자 한다.[1]

저자는 이 책에서 후기자본주의 시대를 살아가는 개인이 어떤 난관에 처해 있으며 그 난관이 어떤 복잡한 조건에서 비롯하였는지를 진단하고 소극적이나마 그 처방도 제시하고 있다. 이 책은 푸코, 리

---

[1] 이 글은 2012년 가을 '의철학회'에서 발표한 글을 이 시점에서 다시 정리한 것이다.

오타르, 보드리야르 등의 포스트모더니즘 사상가들의 시대 진단과 일치하는 면도 있지만 동시에 그것의 한계를 지적하고 있기도 하다. 특히 근대와 현대의 차이를 병리학의 용어로 기술하는 것이 흥미롭다. 나는 이 책의 내용을 크게 두 가지로 나누어 보았는데, 처음 1, 2장을 '시대의 진단', 나머지 부분은 '삶의 진단과 치유의 조건'이라고 이름 붙이고 이것이 우리 사회에 어느 정도 적용이 가능할까를 생각해 보겠다.

우선 '시대의 진단'으로 평가될 수 있는 앞의 두 장을 읽으면서 나는 저자가 속해 있는 독일 사회의 분석에서 나온 진단이 우리에게도 일정 부분 타당하다고 생각한다. 저자의 관점은 기본적으로 신자유주의를 무대로 하는 후기근대사회의 분석에 기초하고 있고, 우리 사회도 90년대 이후 빠르게 신자유주의의 격랑 속으로 휩쓸리면서 상당 부분에서 서구유럽과 유사한 문제들에 노출되고 있다. 지난 20년 남짓 구조주의를 이은 포스트모더니즘 사조가 국내에서도 익숙한 화두가 되었던 것은 그러한 배경과 무관하지 않다. 다만 우리의 경우 지역 정서나 유교 문화에서 유래하는 전근대적 에토스가 여전히 무의식에 남아 있고, 또 다른 한편으로는 미완의 민주화 혹은 최근의 퇴행적 정치 행태 속에서 자유, 평등과 같은 근대적 가치에 대한 갈증도 해소되지 않았다. 그렇기 때문에 저자가 '면역학적'이라고 특징짓는 근대와 '신경증적'이라고 특징지은 후기근대적 상황이 서구처럼 순차적이고 단절적으로 나타나기보다는 동시적으로 공존하고 있지 않은가 생각된다.

근대의 본질적 특징에 대해서는 사실 지금까지 다양한 해석이 제시되었고 또 비판의 대상이 되어 왔다. 계몽적 이성(프랑크푸르트학파), 합리화 사회(베버), 거대서사(리오타르), 해방의 서사(맑스주의), 규율사회(푸코) 등은 나름의 관점에서 근대의 특징을 간파한 통찰들이다. 대체로 보편적 이성이라는 커다란 틀로써 세계의 모든 현상을 아우르려고 하다 보니 그 틀에 맞지 않는 현상을 배제하는 문제가 생긴다. 이 시대의 비정상은 광인과 범죄자들이다. 푸코의 『광기의 역사』가 잘 보여 준 것처럼 데카르트의 투명한 이성은 광기를 배제하고 성립하며, 『감시와 처벌』이 보여 주듯이 파놉티콘처럼 규율화된 사회는 범죄자를 양산할 뿐만 아니라 아예 전제하고 있다는 분석이 설득력을 얻는다. 그러므로 비판적 관점에서 볼 때 근대를 가능하게 한 핵심 기제는 '배제'라고 할 수 있다. 자기와 타자를 극단적으로 대립시키고 타자를 이질적인 것으로 취급하여 배제하는 매커니즘이 저자로 하여금 근대를 면역학적 도식으로 이해할 수 있게 해 주는 근거가 된다. 데카르트적 이성(정신)은 배제의 존재론적이고 인식론적인 근거를 마련하였고 이에 따라 공격과 방어, 억압과 저항은 배제의 주체와 대상들 간의 투쟁을 표현하는 사태들이 된다.

그래서 저자가 '신경증적'이라고 특징지은 후기 근대의 도래는 마치 근대와의 연속보다는 단절을 보여 주는 듯하다. 사실 근대의 역사를 계몽의 역사로 보고, 후기근대의 상황을 미완의 근대로서 계몽의 완수를 남겨진 과제로 보는 하버마스의 경우, 근대와 후기근대는 연속적이다. 수차례의 혁명을 통해 배제의 대상들(시민, 노동자, 흑인, 여성)이 나름대로 자유를 획득하였지 않은가? 그러나 근대성 안에 배제의 장치가 필연적으로 배태되어 있다고 보는 포스트모더니스트들의 입장에서 후기근대는 근대성 자체에 대한 도전이 된다. 근대에서 후기근대로의 이행을 '규율사회에서 성과사회로의 패러다임 전환'으로 보는 저자의 경우에도 이들의 논의를 따라 단절을 강조하는 것처럼 보인다. 우리의 경우 근대화는 일제 강점기와 독재정권을 거치면서 노골적인 배제의 논리, 부정성의 패러다임 아래서 이루어졌다고 할 수 있다. 서구에서는 광인, 범죄자, 이민자, 여성, 동성애자 등이 대표적인 타자의 표상이라면, 우리 사회에서는 반일 감정, 남북 대치 속의 주적개념, 우리 내부의 '빨갱이', 지역감정 등이 주는 충격 효과가 매우 크기 때문에 저 표상들은 아군 속에 묻혀 버릴 정도이다. 서양에서 타자가 비교적 은밀하고도 간접적인 방식으로 배제되었다면, 우리는 아예 국가정책이나 정치적 쟁점으로 드러내 놓고 배제의 정치학을 구사해 왔다. 게다가 그것은 특정한 정치적 목적에 의해 아직도 상당 부분 기능하고 있다. 면역학적 패러다임이 이보다 더 잘 들어맞는 근대적 체제는 전 세계에서 찾기 힘들 것이다.

후기근대의 단절적 특징은 "성과주체에게는 더

이상 무의식이 없다"(「우울사회」, 84면)라는 저자의 말을 보면 드러난다. 정신분석학은 근대적 핵가족을 무대로 하는 개인의 억압된 무의식을 폭로함으로써 서구의 20세기를 대표하는 문화 현상의 역할을 하였는데, 후기근대인들은 정신분석학의 핵심인 무의식의 저주에서 면제된다는 것이다. 이것이 저자가 후기근대의 특징으로 보는 긍정성의 심리적 바탕을 구성한다. 억압과 저항이라는 정신분석의 기제는 면역학의 구조와 일치한다. 우리의 경우 정신적 질병은 가족 내의 오이디푸스 삼각관계보다는 간첩강박과 같은 집단적 망상이나 고문후유증 같은 전체주의적 억압에서 유래한다. 아무튼 후기근대에서 시대의 진단은 면역학 도식에서 신경증 도식으로 건너간다. 이제 차이와 타자는 더 이상 배제가 아니라 '향유와 소비'의 대상이 된다. 이것은 특히 하이테크놀로지를 겸비한 소비사회에서 잘 들어맞는다. 소비는 유행을 따르고 거기서 이질성과 타자성은 거부감을 일으키기보다는 다양한 차이 속에 흡수되고 심지어 각자의 개성을 이루는 한 긍정적 요소가 되는 것 같다. 또한 우리 사회에서도 오늘날 장애자나 이민자,

미혼모 등 소수자들에 대한 관용의 윤리학은 '과거에 비해서는' 점점 더 설득력을 얻어가고 있는데, 이것은 물론 거대 서사에 대한 저항 속에서 인류가 힘겹게 성취한 열매이기도 하지만, 동시에 전 지구적 소통망의 탄생과 세계적 규모의 자본주의라는 신자유주의적 개방성과도 무관하지 않은 것으로 보인다. 거대한 정보의 홍수 속에서 모든 것이 허용된다는 태도나(혼성화), '묻지 마…'로 표현되는 어떤 충격에도 놀라지 않고 거부감조차 느끼지 않는 것은 관용의 과잉으로서 개방 시대의 에토스가 된 것 같다. 인식론조차도 취미론으로 변형될 것 같다. 대학의 교양과목에서 '인간의 이해', '현대사회와 윤리' 등 묵직한 철학의 과목들은 '피부 미용'이나 '레크리에이션학' 등과 같은 실용 과목들과 나란히 선택지로 나열되어 있다. 이러한 관용의 과잉 속에서 심리적 억압이 존재할 여지는 줄어든다. 그래서 새로이 등장하는 질병은 우울증, 주의력결핍과잉행동장애, 소진증후군Burnout syndrome으로 대표된다. 새로운 질병들은 우리 사회에서도 광범위하게 퍼져 있는 것 같다. 저자에 따르면 자유방임에서 기인하는 무한한 선택지 앞에서 자기경영의 요구는 자유라는 허상을 통해 자기착취로 손쉽게 둔갑한다. 여기서 소진된 자아는 탈출구를 봉쇄당한다. '영혼의 경색'을 표현하는 이 질병들은 억압과 저항, 초자아와 자아, 무의식의 갈등이라는 프로이트의 도식으로는 설명하기 어렵다. 그래서 그것들이 새로운 시대의 새로운 질병들이라는 것이다.

저자가 신경증적 자아라고 진단한 현대인은 타인에 대해서는 과장된 관용을 보여 주면서 자기 자신에게는 극심한 스트레스를 준다. 과장된 관용은 무관심이 된다. 남이 들판에서 결혼식을 올리든, 골방에서 죽어 가든 아무 관심이 없다. 장애인이나 미혼모가 결격사유가 아닌 것과 똑같은 이유로 골방에서 죽어 가는 노인과 메르스로 확진 판단을 받은 환자도 충분히 있을 수 있는 일이라고 생각한다. 반대로 모든 것을 할 자유가 있지만 아무 것도 이루지 못한 자기 자신은 낙오자라고 생각한다. 또는 아무리 열심히 해도 창조적 성과를 낼 수 없는 자신을 무능하다고 생각한다. 우울증은 무기력으로 나타나지만 그 원인은 자기 자신에 대한 공격에 있다. 자기 자신에게 관대하지 못한 사람이 보여 주는 타인에 대한 관대함은 거짓이다. 무관심이 그 진짜 얼굴이다. 심지어 자기착취로 인한 소진의 느낌은 타인에 대한 공격성으로 나타날 수도 있다. 일부 극우 사이트에서 보이는 공격적 행태에는 주의력결핍행동장애의 특징이 나타나기도 한다. 어디에도 타인의 고통을 공감할 수 있는 여지는 없다. 빗나간 관용의 윤리학과 자기학대가 동전의 양면이 되는 사회에서 연대성이 자리 잡을 곳은 더 이상 없다.

그런데 저자는 하나의 중요한 지점, 생산성의 극대화라는 관점에서는 근대와 후기근대의 연속성을 주장한다. 공산주의의 몰락과 자본주의의 세계화를 계기로 날개를 단 신자유주의는 생산성 향상을 목표로 금지의 부정성이 아니라 능력의 긍정성을 토대로 하는 새로운 착취방식을 고안했다는 것이다. 이러한 경제적 하부구조의 변화가 성과주의의 압박을 가져오고 그런 한에서 자기경영은 일종의 강요된 내면적 전쟁, 강제적 자유라 불릴 수 있다는 것이다. 이러한 자기착취에서 가해자와 피해자는 구분되지 않으며 그것은 자유롭다는 느낌을 갖기 때문에 타자의 착취보다 더 효율적이라고 한다. 그런데 여기서 한 가지 의문이 생길 수 있다. 성과주의의 압박 때문에 자살하는 명문대 교수나 기업체 사장이 과연 '자유롭다'는 느낌을 가질 수 있을까? 간접적으로라도 그런 느낌을 갖기 어려울 것 같다. 그에게는 모든 것을 버리고 떠날 자유밖에 없다. 사실 19세기 서양의 노동자들이나 6, 70년대의 우리 공장 노동자들에게도 일을 그만둘 자유는 있었다. 강제 노동 수용소는 아니었으니까. 다만 일을 그만두면 생존의 수단이 막히는 것뿐이다. 내가 말하고 싶은 것은 긍정성 과잉이라는 수사는 결국 신자유주의 경제체제에 신음하는 대부분의 사람들의 현실적 문제를 은유적으로 표현한 것에 불과하지 않은가 하는 것이다. 그래서 저자가 경제적 차원에서 근대사회와 후기근대사회의 연속성을 본다면 과연 면역학적 도식과 신경증적 도식이라는 두 패러다임의 교체가 어떤 실제적인 의미를 갖게 되는가 하는 의문이 생기는 것이다. 생산성 향상을 위해 자기착취까지 요구하는 무한 경쟁이 원인이라면 결국 문제는 현실 속에 있는 것이 아닌가.

다만 이런 차이는 말할 수 있겠다. 전자는 적어도 억압과 저항이 실제적 의미가 있었던 시대를 진단한 것이라면 후자는 저항이 아예 불가능한 상황을 보여 주는 것 같다. 사실 신경증이란 현실이 아니라 환상에 뿌리를 둔 질병이다. 그 증상은 "나는 불행한데 그 원인을 모른다. 분명히 무언가 원인이 있을 텐데 실체가 모호하다"라는 것이다. 면역학적 주체로서 이질적 타자를 찾아보지만 차이 속에서 길을 잃어 자기방어를 할 수가 없다. 공격의 대상은 꿈속에서 그렇듯이 신기루처럼 계속 밀려난다. 그렇다면 처방은 환상에서 깨어나야 하는 것 아닌가? 즉 정치적이고 경제적인 해결책으로 직행해야만 하는 것 아닌가? 이런 이유로 나는 저자의 시대 진단에는 대체로 동의하지만 그가 제시하는 처방은 그다지 현실적인 것이 되지 못한다고 본다.

내가 '삶의 진단과 치유의 조건'이라고 명명한 3장 이후의 내용에서 저자는 개인의 삶에 좀 더 직접적으로 천착하며 문화의 기본에 있는 '깊은 주의', 사색적 삶으로의 회귀를 주장한다. 우리가 과잉주의와 단순한 분주함으로 잃어버린 것들, '깊은 심심

함, 귀 기울여 듣는 재능, 보는 법' 등을 되찾을 것을 말이다. 이러한 모든 것은 삶에 서사를 제공하는 기반이다. 그것들을 잃어버린 탓에 우리는 호모 사케르로서 거친 세계에 알몸으로 노출되어 가장 원초적인 생존, 건강만을 염려하게 된다. 저자는 삶의 서사성을 회복하기 위해서, '고상한 문화'(니체)를 이루던 바탕으로 돌아가기 위해서 '중단의 부정성'이 필요하다고 한다. '마구 밀고 들어오는 자극에 대한 저항', '아니라고 말하는 주체적 행위', 막간의 휴식, 무위의 힘 같은 것들 말이다. 그런데 이런 훌륭한 해법들은 자기착취가 자유가 아니라 강제인 상황에서는 별로 힘을 발휘하지 못한다. 야근을 하면 초과 수당을 받는 사람이 야근을 '거부'하고 휴식과 사색할 시간을 좀 더 가질 수는 있을 것이다. 강의를 많이 하는 강사는 한두 과목을 줄여서 재충전의 시간을 가질 수도 있을 것이다. 하지만 야근을 하지 않으면 상사에게 밉보여 정리 해고의 대상이 된다든지, 강의를 한 번 거절하면 다음 학기에는 아예 강의 제안이 들어오지 않는다든지 하는 리스크 앞에서 거부의 용기를 가진 사람들은 드물 것이다.

한마디로 비정규직에게, 아니면 정규직이라고 해도 요즘처럼 해고가 자유로운 상황에서 부정성의 윤리학은 이상에 지나지 않는다. 저자의 해법은 아마도 사회보장제도가 잘 되어 있는 독일의 상황에서는 유효할지도 모르지만 우리에게는 공허한 제안으로 들린다. 오랜 자유주의의 역사를 겪으면서 그 폐단에 대처하는 과정에서 나름대로 사회적 연대의 전통을 쌓고, 그것을 사회복지로 체계화한 서구와 달리 알몸 상태에서 신자유주의로 내몰린 우리 사회의 대량의 소외된 자들에게는 벼랑으로 떨어질 자유밖에 없는 것이다.

흔히 압축적 근대화로 표현하는 우리 사회의 문제로서 많은 사람들이 지적하는 것은, 앞에서도 얘기한 것처럼 전근대적 에토스와 근대적, 후기근대적 특징이 공존하기 때문에 일관된 처방을 제시하기 어렵다는 것이다. 독일의 역사학자 코젤렉은 이러한 상황을 '비동시적인 것들의 동시성'이라는 말로 표현하고 있는데, 사실 이것은 18세기 유럽을 설명하기 위해 만들어진 용어이다. 18세기 중반에 프랑스의 볼테르는 『풍속론』에서 서양 이외의 나라들을 포함하여 다양한 사회의 풍속의 차이를 지적하면서 이미 서양중심주의적 보편 사관을 비판하고 있다. 영국에서 명예혁명으로 국왕의 권력이 의회로 넘어가고 프랑스도 부르주아의 권력이 강해지면서 자신들이 낡은 권위주의 시대와 결별을 고하기 시작하는 것을 '문명의 진보'라고 생각하는 사고방식이 보편화되고 있었다. 그러나 지리상의 발견을 통해 세계의 구석구석을 여행하고 관찰하는 것이 가능해진 덕에 볼테르는 진보는 보편적이 아니며 인간 본성이 유사하다고 해도 관습의 다양성으로 인해 서로 다른 역사의 단계들이 지구상에서 공존하고 있다는 것을 깨달은 것이다. 하지만 이러한 비동시적인 것들의 공존은 당시에는 지역적으로 분리되어 있었기 때문에 볼테르와 같은 일부 지식인들을 제외한다면 한 사회에서는 적어도 일관된 역사의 지평을 갖는 것이 가능했다고 할 수 있다. 반면 오늘날 우리 사회에 존재하는 비동시적인 것들의 동시성은 한 사회 내에서 세대차로 존재하여 갖가지 갈등의 양상으로 표출된다. 심지어 한 개인 안에서도 모순된 여러 가치관들이 동시에 존재하기도 한다. 한 사람이 상황에 따라 권위주의적이면서 민주주의적일 수도 있고 또 후기근대적 자유방임주의자가 되기도 한다. 우리의 자아는 면역학적인 동시에 신경증적이기도 하다. 이보다 더한 분열이 있을 수 있을까?

심각한 문제는 문제를 해결해야 할 위치에 있는 사람들이 이 여러 차원을 넘나들며 자신들에게 유리한 차원으로 도피한다는 것이다. 가령 중요한 정책의 입안을 둘러싸고 행해지는 여야의 논쟁에서 우리는 특히 보수적 정치인들이 내세우는 논거들이 그러한 경향을 강하게 띠고 있는 것을 본다. 그들은 친기업적 입장에서 정리 해고의 당위성을 내세우며 초국적 무한 경쟁을 이유로 제시한다. 사실은 정경 유착이라는 전근대적 질서에 기대고 있으면서 신자유주의적 자유방임주의를 내세우는 것이다. 이러한 행태가 시민들의 정상적인 판단을 흐려 놓는다. 공격해야 할 타자의 자리에 허수아비를 세워 놓는 형국이다. 베르그손은 우리 정신에 존재하는 여러 차원들의 혼란에 대해 말한 바가 있는데, 정신적으로 건강한 사람은 그것들을 넘나들면서도 결코 혼동하지 않으며 양식 있는 사람은 문제적 상황에서 거기에 맞는 차원의 기억을 불러내어 활용하는 사람이라고 한다. 이 차원들을 일부러 혼동하여 시민들의 정신을 궤변으로 현혹시키는 언론 매체들은 말할 것도 없이 문제의 핵심 원인에 속한다.

나는 여전히 해법은 미완의 민주화를 완성하고 도덕감에 기초한 사회적 연대를 회복하는 데 있다고 본다. 그럴 때만 저 숭고한 부정의 윤리학은 신경증적 사회에서 그 진정한 빛을 발할 수 있을 것이다. 인간의 선함을 믿었던 루소는 교육론 『에밀』(1754)과 같은 해에 『사회계약론』을 썼다. 이 두 책은 쌍둥이인 셈이다. 생명인 한에서 인간의 타고난 심성은 자기애와 타인에 대한 동정심이다. 그것들은 인간의 내부에서 이성을 앞서는 두 가지 원리이다. 하지만 이른바 문명사회를 이루고 사는 인간에게는 경쟁심과 질투로 인해 자기애가 이기심으로 변질되고 동정심은 희석된다. 『에밀』은 이 자연적 덕목을 함양할 것을 권하는 책이다. 동시에 밖으로는 사회를 변화시켜야 한다. 자연으로 돌아갈 수는 없지만 그렇기에 가장 자연에 가까운 이상을 버릴 수 없고 이를 모범으로 현실을 개혁해야 한다. 생명을 가진 인간의 자연적 덕을 지키기 위해서라도 말이다. 두 책이 쌍둥이일 수밖에 없는 이유가 여기에 있다.